AF247157

L 27 n
5956

NOTICE BIOGRAPHIQUE

SUR

M. J.-F. Eusèbe CASTAIGNE

BIBLIOTHÉCAIRE DE LA VILLE D'ANGOULÊME

PAR

M. ÆMILE BIAIS

SECRÉTAIRE-ADJOINT DE LA SOCIÉTÉ ARCHÉOLOGIQUE ET HISTORIQUE
DE LA CHARENTE,
MEMBRE CORRESPONDANT DE LA SOCIÉTÉ LIBRE DES BEAUX-ARTS DE PARIS,
ETC., ETC

‹ Vivitur ingenio, — cætera mortis erunt. ›

ANGOULÊME

IMPRIMERIE CHARENTAISE DE A. NADAUD ET Cᵉ

REMPART DESAIX, 26

1870

TIRÉ A **200** EXEMPLAIRES,

DONT 25 SUR PAPIER A BRAS.

AU moment où la Société archéologique et historique de la Charente inaugure solennellement le buste de son fondateur, j'ai pensé qu'il ne serait pas inutile de réunir, sous forme de brochure, les notes biographiques sur M. Castaigne que j'avais publiées dans deux journaux, l'Observateur de Ruffec et le Cultivateur charentais, en 1866-1867.

Lorsque, le premier, j'eus l'honneur de l'entreprendre, je ne me dissimulais pas l'importance de la tâche; mais il m'était bien doux au cœur de rappeler celui qui fut l'un de mes guides les plus aimés.

Æ. B.

Angoulême, 10 Mai 1870.

NOTICE BIOGRAPHIQUE

SUR

M. J.-F. EUSÈBE CASTAIGNE

BIBLIOTHÉCAIRE DE LA VILLE D'ANGOULÊME

1804-1866

LA ville d'Angoulême vient de perdre un des hommes éminents qui appartiennent à l'histoire archéologique et littéraire d'un pays et lèguent aux générations futures les résultats de leurs études et de leur science.

M. Eusèbe Castaigne, bibliothécaire depuis trente-sept ans, s'est éteint lundi matin (1), emportant avec lui les regrets sincères de ceux qui savaient l'apprécier.

Aujourd'hui, nous ne pouvons tracer une notice biographique de ce savant; nous espérons, dans un prochain numéro, parler de ses œuvres, toutes marquées au coin d'une érudition parfaite, rappeler ses

---

(1) 26 novembre 1866.

immenses qualités, et surtout faire connaître à certains les services incomparables qu'il a rendus à l'histoire charentaise.

M. Eusèbe Castaigne n'était point un savant vulgaire ; c'était un de ces caractères exceptionnels, une de ces natures privilégiées rares dans notre province, et qui reçut depuis longtemps ses lettres de noblesse, de supériorité, des sommités européennes.

Toute son existence fut consacrée aux recherches bibliographiques, aux labeurs inouïs de quiconque veut sérieusement éclairer certains points des annales d'un peuple et préciser, à travers les dédales méandreux des contradictions, tels faits célèbres et telles dates fameuses.

M. Eusèbe Castaigne est vraiment un type à part. Il a fait la bibliothèque d'Angoulême ce qu'elle est actuellement, et lorsque, après dix-neuf ans de promesses, on ne lui donna même pas un morceau de ruban rouge, il avait certes le droit de dire, en s'appliquant ces paroles d'un ancien : « Il vaut mieux que l'on se demande « pourquoi on n'a pas érigé une statue à Caton, que si « l'on demandait pourquoi on lui en éleva une. »

La mort d'Eusèbe Castaigne est une perte pour notre département tout entier, et la ville d'Angoulême, pour laquelle il a tant fait avec tant de désintéressement, voudra sans doute placer son effigie à la bibliothèque, avec une inscription commémorative rappelant ses titres glorieux à la reconnaissance publique.

Angoulême acquitterait ainsi une dette légitimement due, en attendant que la postérité rende un hommage plus grand à ce savant qui restera parmi nos illustrations angoumoisines.

Au milieu des effluves égoïstes du siècle, au milieu du tumulte des passions et des scandales, lorsqu'un homme meurt il semble à la foule indifférente qu'après les premiers instants de deuil l'oubli doive effacer un nom avec un souvenir.

C'est là une triste vérité dont voudraient douter les nobles cœurs : mais chaque jour, hélas ! la rend plus évidente. On oublie vite par ce temps ; — souvent une heure de plaisir suffit à faire évanouir nos regrets, et si parfois dans une rêverie capricieuse la mémoire d'une personne aimée revient à notre esprit distrait, nous chassons comme un étrange fantôme cette image funèbre.

On qualifie cela de *philosophie,* — puisque chacun possède la sienne et s'en forme une suivant ses penchants et ses travers.

Heureusement tous ne pensent pas ainsi.

Ces réflexions me viennent à propos de la notice que je consacre au savant dont nous regrettons la perte, et qui laisse un vide immense dans sa famille, dans notre province et parmi ceux qu'il affectionnait.

Dans un article nécrologique publié par le *Cultivateur charentais* et l'*Observateur,* de Ruffec, je me suis proposé d'esquisser à grands traits la grande figure de M. Eusèbe Castaigne ; j'accomplis la tâche que je me suis tracée, avec le respect que l'on doit à ceux qui ont changé de patrie, — à ceux qui ne sont plus, — avec la vénération d'un jeune disciple pour son maître. Ce n'est pas son panégyrique, son éloge que je veux écrire : il est de tels noms qui portent leur gloire avec eux et peuvent se passer de commentaires. Un panégyrique pompeux, un discours d'apparat ne conviendraient ni à celui que l'on pleure, ni au disciple qui se le rappelle. Assurément elles ne manqueront pas plus tard, ces louanges froides et compassées; — mais je crois que si d'autres retracent la vie de M. Eusèbe Castaigne avec un talent et une autorité que je serais heureux d'avoir aujourd'hui, nul mieux que moi ne l'a connu dans les derniers jours de sa vie intime, et ne peut en parler avec plus de sincérité. Étranger, je recevais un accueil touchant à son foyer, et là, dans le calme de cet intérieur d'où s'exhalait un parfum d'études, j'étais initié à ses habitudes et je pouvais observer, en toute liberté, le caractère de l'érudit éminent et de l'homme généreux qui se trahissait dans mille petits détails. Je ne l'affectionnais pas seulement comme un maître; en lui je voyais encore un véritable ami qui bien souvent me manifesta sa confiance, m'accordant chaque jour une hospitalité cordiale, dont je puis d'autant plus m'honorer qu'il la prodiguait moins.

Ainsi, j'ai le droit de parler de M. Castaigne après avoir consulté mon cœur, et je regarde comme un devoir ce modeste hommage, sans me dissimuler l'importance de la responsabilité qui m'incombe. Je me souviens et je constate. Naguère il me donnait ses précieux enseignements, dans ses œuvres je puise encore des leçons inestimables, et à ses *Notes biographiques* sur ses écrits imprimés, parues en 1853, j'emprunterai les premiers documents authentiques pour commencer cette notice.

I.

« Castaigne (Jean-François-Eusèbe) est né à Bassac (Charente), le 20 juin 1804, d'une famille honorable

depuis longtemps établie dans le pays. Devenu orphe-
lin à l'âge de quatorze ans, il fut placé par son tuteur
au collége de Pont-le-Voy (Loir-et-Cher), où il termina
avec succès le cours de ses études classiques. » Le jeune
élève progressait rapidement dans la connaissance des
langues anciennes, et déjà laissait entrevoir ce qu'il
serait dans l'avenir. Son imagination vive était pourtant maîtrisée par la saine logique, et la réflexion savait
régler « la folle du logis. » La poésie, avec tous ses
charmes, séduisait l'écolier sans lui faire perdre de
vue la voie du droit sens : les chansons joyeuses de
l'adolescence bruissaient dans sa tête, mais il leur
préférait des hymnes plus austères. Déjà il caressait la
muse, en secret d'abord, ensuite il confiait ses débuts
poétiques aux professeurs du collége qui insérèrent
plusieurs de ses pièces latines et françaises, — en vers
et en prose, — dans les deux derniers volumes des
Annales pontiléviennes, ou *Essais littéraires des rhétori-
ciens et humanistes du collége de Pont-le-Voy* (1820-22).
Parmi ces compositions juvéniles, quelques titres
seuls témoigneront des tendances de leur auteur:
nous citerons : une *Ode sur le baptême de S. A. R.
M*gr *le duc de Bordeaux;* une idylle intitulée le *Message*
(1821); un fragment ossianique, ayant pour sujet *Fin-
gal se préparant au combat;* une *Ode à M*gr *l'évêque d'Orléans sur la confirmation* (1), et un chant biblique sur
la *Ruine de Sodome* (1822), qui reparut en 1828 dans un
recueil de morceaux religieux, intitulé d'abord *Sacra
reges*, lequel devint plus tard *Délices de la jeunesse chré-
tienne* (1835).

« A sa sortie du collége, M. Castaigne se fit recevoir

---

(1) Mgr Pierre-Marin Rouph de Varicourt.

bachelier ès lettres (1822) à Paris, où il avait été envoyé pour étudier le droit; mais il renonça bientôt à la jurisprudence pour se livrer entièrement à ses goûts littéraires et suivre les cours de la Faculté des lettres et du Collége de France. » Ainsi, « pour se livrer à ses goûts, » il redoublait d'activité et de zèle. Loin d'être un de ces étudiants qui gaspillent follement leur jeunesse et leur intelligence, celui-ci se montrait exact à toutes les conférences et s'attira la bienveillance des professeurs qui remarquèrent son assiduité, — car il était avide d'apprendre et préparait des armes pour les luttes qu'il avait à engager, à soutenir et dont il devait sortir vainqueur. Avec les difficultés son ardeur laborieuse augmentait, excitée par les encouragements les plus flatteurs; entre autres, ceux « d'un célèbre académicien, » M. Népomucène Lemercier, furent une de ses plus grandes récompenses, et il se les rappelait avec un indicible plaisir, avec une émotion reconnaissante, plus tard, lorsque, vaillant pionnier arrivé aux sommets inaccessibles, il regardait, pensif, la route qu'il avait parcourue.

II.

Pendant son séjour à Paris, M. Castaigne se partageait entre l'utile et l'agréable; l'étude même était sa récréation, et dans les bibliothèques publiques il trouvait un aliment pour son désir d'apprendre et pour sa curiosité studieuse. Puis, pour se reposer des travaux sérieux de la science historique, il écrivait à ses heures de loisir « des articles de peu d'importance et des pièces de vers qui furent insérés alors dans diverses feuilles de la capitale, — et quelques-unes des épigrammes qu'il semait dans les petits journaux obtinrent même un certain succès de circonstance. » Oui, celui qui devait un jour invoquer le témoignage des tombeaux pour constater le passage de peuples oubliés dans la nuit des siècles, — cet archéologue passionné décochait le trait satirique avec une verve et une habileté toutes gauloises.

Mais le pays natal se rappelait à sa mémoire, et Paris, avec tous ses attraits, ne pouvait éteindre l'amour qu'il entretenait pour ses riantes campagnes, son vieux village de Bassac et les compagnons de ses premiers ans. Aussi revint-il, après quatre années d'absence, mûri par l'étude et les réflexions, à cet âge où la plupart des hommes sont encore enfants, et se maria à Angoulême le 26 janvier 1826. Il avait alors un peu plus de vingt et un ans.

III.

C'est à dater de 1829 que l'œuvre historique et littéraire de M. Eusèbe Castaigne commence. Depuis quelque temps il ramassait des matériaux pour l'histoire de sa province, et réunissant une gerbe de ses poésies, il en forma un opuscule intéressant où ses recherches historiques eurent une part. A ce moment il publia la *Lyre d'Amour*, suivie d'une *Biographie des poètes nés dans le département de la Charente*. M. Castaigne prenait ainsi possession d'une mine féconde jusqu'alors méconnue. Il se frayait une route dans les ténèbres du passé, et saisissait le fil d'un labyrinthe où, le flambeau à la main, il guidait ceux qui, à son

exemple, voulant connaître les générations antérieures,
fouillaient le sol, déchiffraient les palimpsestes, inter-
rogeaient les monuments, en un mot, faisaient revivre
nos « pères et nos maîtres » pour profiter de leurs
leçons.

Un tel caractère faisait contraste avec ces ardents
écrivains de l'école nouvelle qui, tant soit peu fanati-
ques de l'art moderne, se proclamaient les défenseurs
du romantisme et couraient sus aux classiques avec
une vaillance, une furie véritablement françaises.
M. Castaigne sacrifiait bien aux idoles, mais il savait
que les deux adversaires peuvent se compléter l'un
l'autre, et qu'il est permis d'admirer Homère — en
applaudissant l'auteur des *Orientales* et d'*Hernani*. Il
n'oubliait point que la froide tragédie a son côté ro-
manesque et que la comédie humaine se reproduit en
termes différents.

Avec de pareilles idées, il n'était pas facile de siéger
au barreau — ou de rédiger des contrats.

Le jeune bibliophile avait d'autres vues : son hori-
zon se bornait aux rayons d'une bibliothèque.

IV.

La ville d'Angoulême allait procéder au remplace-
ment de M. Huet, conservateur de la bibliothèque. Un
seul candidat important se présentait, M. Eusèbe Castaigne ; et le choix de l'administration municipale se
fixa sur lui, bien qu'il n'eût pour toute recommanda-
tion que le goût des lettres, une instruction solide, la
connaissance de l'histoire locale et les qualités indispensables aux érudits. Mais, paraît-il, cela suffisait...

En conséquence, par suite de la délibération du conseil municipal en date du 26 octobre 1830, le maire, M. de Lambert, « sur les bons renseignements qui lui sont parvenus sur la conduite, la moralité et la capacité de M. Castaigne (Eusèbe), déjà avantageusement connu par des productions littéraires, » le nomme conservateur de la bibliothèque communale.

Les souhaits de M. Castaigne se trouvaient réalisés, et rien ne lui semblait plus à désirer, car il laissait aux autres les soucis de l'ambition.

Ici commence la page la plus belle peut-être de son existence, je veux parler de son désintéressement et de son extrême délicatesse.

V.

Dans la nomination de M. Castaigne au poste de bibliothécaire de la ville d'Angoulême, approuvée par M. Victor Bohain, préfet de la Charente, à la date du 2 décembre 1830, nous remarquons les deux clauses suivantes :

« 1° Monsieur Jobit, ancien professeur au collége, a « servi avec distinction dans l'enseignement pendant « beaucoup d'années et mérite une récompense.

« 2° Il procédera, conjointement avec le nouveau « bibliothécaire, au recensement des volumes et autres « objets établis sur le catalogue général. »

D'après ces deux articles, M. Jobit n'occupait que le rôle d'adjoint et le chef d'emploi était bien réellement M. Castaigne. Mais celui-ci ne voulut pas profiter des avantages dont il avait droit de disposer, quelque minimes qu'ils fussent, et nous le voyons déclarer

dans une note manuscrite qu'il traça en marge du registre officiel, qu'en acceptant le titre de bibliothécaire, « il a agi dans l'intérêt de M. Jobit, recom-
« mandable par sa position malheureuse et par de
« longs et honorables services dans l'instruction pu-
« blique ; ainsi, quoiqu'il ne paraisse n'être qu'en
« seconde ligne, d'après le titre de la place, il est bien
« convenu par M. Castaigne (Eusèbe) qu'il reconnaît
« M. Jobit comme son égal et non comme son subor-
« donné ; il consent ensuite à ce que les deux emplois
« soient également rétribués sur le budget ; il promet,
« de plus, de donner à M. Jobit sur ses appointements
« une somme de 200 francs. Enfin, pour dernière con-
« dition, M. Castaigne s'engage, en cas de suppres-
« sion de la place de sous-bibliothécaire, à partager
« ceux qui lui seraient conservés et par égale portion
« avec M. Jobit, — à titre de retraite. »

Les appointements du bibliothécaire s'élevaient à 1,200 francs ; — de cette somme *considérable*, M. Castaigne recevait seulement la moitié dont il extrayait 200 francs, ce qui porte à 400 francs le total de ses émoluments. On conviendra que ce n'était pas trop et que le moindre manœuvre ne voudrait pas se contenter de si peu. Mais aussi M. Castaigne avait l'amour des lettres, et cet amour devait être bien fort, puisque pendant dix ans nous l'avons vu suivre scrupuleusement la règle qu'il s'était fixée, —avec une indifférence complète pour tout ce qui se rapportait à la question de son traitement dérisoire, — et satisfait au contraire de secourir un honnête homme qui, à l'exemple de tant d'autres, avait épuisé sa santé dans l'enseignement scolaire sans même recevoir de quoi subvenir à ses besoins les plus pressants.

Il commençait sous les meilleurs auspices ses fonctions, encouragé par M. Tiffon de Saint-Surin, ancien professeur de rhétorique à l'École centrale, — auteur de plusieurs ouvrages d'histoire et de littérature, — et inscrivant au-dessus de la porte de sa chère bibliothèque cette admirable pensée :

Vivitur ingenio. — cætera mortis erunt.

comme pour résumer son caractère exceptionnel dans cette maxime : L'esprit seul est immortel !... « Castaigne ne vécut que pour et par les choses de l'esprit; il semblait que les intérêts matériels étaient étrangers et antipathiques à sa nature (1). » Pendant l'espace de trente-six ans, il ne départit pas un instant de ce sentier stérile en « intérêts matériels, » négligeant leurs préoccupations pour se livrer entièrement à l'étude de la bibliographie qui le captivait et dominait toutes ses actions.

VI.

A peine installé au milieu de ses livres, c'est-à-dire dans sa nouvelle famille composée de la quintescence du génie humain, M. Castaigne s'occupa de faire des classements divers. Il divisa en sections ces volumes qui avaient appartenu avant la Révolution à différentes communautés religieuses de notre province et à plusieurs seigneurs émigrés. Ensuite, à ses heures de loisir, il écrivait en prose et en vers, développant dans la

---

(1) Extrait du remarquable discours prononcé par M. le docteur Gigon, vice-président de la Société archéologique et historique, sur la tombe de M. Eusèbe Castaigne.

fréquentation des maîtres ses goûts littéraires et s'inspirant des événements de l'époque. C'est ainsi qu'en 1832 il publia une ode, *L'Arbre de Liberté*, qu'il adressa avec sa *Notice sur la cathédrale d'Angoulême* (1834) à Victor Hugo, dont il reçut la lettre suivante :

« Vous m'envoyez, Monsieur, de remarquables vers
« et un excellent travail. Je remercie le poète et je re-
« mercie l'antiquaire. Le poète a l'avenir, l'archéologue
« a le passé. Cela vaut mieux que le présent. Deux
« infinis valent mieux qu'un point.

« Croyez à toute ma sympathie pour votre science et
« votre talent.

« Victor Hugo. »

6 juillet, Paris.

Cette lettre fut une de ses premières récompenses, ainsi que celle que lui adressa Mgr Guigou pour le remercier de « la notice courte et pourtant complète sur notre antique cathédrale et quelques autres monumens de l'Angoumois, et lui témoigner une reconnaissance que vous reconnaîtriez mieux, écrivait le digne prélat, si vous saviez avec quel intérêt j'ai cherché des renseignements et quel était mon chagrin de ne pas les trouver. »

Son esprit infatigable était sans cesse en éveil, discutant les vieux chroniqueurs, relevant leurs erreurs nombreuses et portant dans ses travaux historiques cette logique et cette clarté qui furent peut-être le plus bel apanage de sa supériorité.

La nomenclature des ouvrages de M. Eusèbe Castaigne serait le programme le plus éloquent de ses labeurs continuels, et dirait mieux que je ne le pourrais écrire la puissance de son organisation et l'emploi qu'il savait faire de ses observations toutes sagement réfléchies.

Cette nomenclature, il m'eût été possible de la publier, si je n'avais pensé que les colonnes d'un journal d'agriculture, tel que celui-ci où je suis flatté de recevoir bon accueil, ne se prêtent pas à pareille énumération.

Seulement je puis rappeler que de 1829 à 1853 M. Castaigne publia vingt-six écrits, parmi lesquels une *Notice sur Isabelle d'Angoulême, comtesse-reine* (1), qui eut les honneurs de la traduction anglaise (Londres, 1838); — une *Notice bibliographique et littéraire sur Marguerite d'Angoulême, sœur de François Ier* (avec portrait); — un *Indicateur angoumoisin, ou recueil de notes chronologiques sur les principaux monuments et établissements de la ville d'Angoulême,* ouvrage dont l'utilité fut généralement reconnue; — des *Lettres inédites de Henri IV, précédées d'une lettre d'Antoine de Bourbon,* publication précieuse, imprimée avec des notes et des éclaircissements d'un intérêt véritable, et destinée à compléter l'immense et précieux *Recueil* publié par M. Berger de Xivrey, membre de l'Institut, — par les ordres du Roy, dit M. Castaigne dans ses *Notes bibliographiques.* La publication de ces lettres lui valut les plus hautes félicitations et fut un nouveau — témoignage de son zèle éclairé pour le perfectionnement de notre histoire, — selon les propres termes de M. Berger de Xivrey. Puis la *Chronique latine du monastère de la bienheureuse Marie de La Couronne;* — une *Notice sur la seigneurie de La Tranchade,* hommage rendu à l'histoire de la fa-

---

(1) Cette notice avait déjà paru en 1834 dans la *Revue anglo-française,* dirigée par M. de la Fontenelle de Vaudoré (Poitiers).

mille de son ami intime, le respectable et regretté chevalier Joseph-Normand de La Tranchade, un des maires les plus énergiques et les plus dévoués d'Angoulême, — l'un des derniers représentants de la noblesse authentique et vraiment chevaleresque.

Rien de ce qui tendait à rehausser son pays ne lui fut indifférent ; s'il se faisait une obligation de sortir de l'oubli les citoyens qui se signalèrent entre les premiers par des actions d'éclat ou leur science, il ne manquait pas de donner son coup de pinceau magistral aux portraits de nos illustrations angoumoisines.

De la part de M. Castaigne, le « restaurateur de la langue française » fut le sujet de travaux d'une haute importance. Balzac est une de nos célébrités, un de nos compatriotes que l'on a le plus loué et le plus dénigré. — M. Castaigne résolut de le mieux faire connaître, de nous le présenter chez lui, afin de le mieux faire apprécier, — s'il m'est permis de m'exprimer ainsi. Il savait que Balzac a été l'un des rénovateurs littéraires de la France et que l'intérêt suit tout ce qui s'y rapporte.

Au moment donc où l'on continuait, avec le sang-froid du mercantilisme judaïque, l'œuvre de destruction commencée par le fanatisme révolutionnaire et le régime du premier Empire — que d'autres, plus tard, devaient si complétement achever au nom du progrès et en grevant les cités, — M. Castaigne voulut réédifier, parce qu'il avait le culte sincère des grandes épopées ; il était ainsi une protestation du temps contre le temps. « Le culte des grands hommes » ne date pas d'aujourd'hui, et si l'époque est aux statues politiques, si le marbre et le bronze s'élèvent de tous côtés, érigés sur des principes différents, sauf à traîner demain aux gémonies celui que l'on porte triomphalement au Capitole, — le vent souffle avec une fureur implacable sur les vieilles demeures historiques, ces archives de pierres qui semblent résister à la pioche du démolisseur officiel, comme pour conserver plus longtemps encore les souvenirs dont elles sont imprégnées.

Elles sont souvent les derniers remparts où s'abritent les traditions légendaires qui appartiennent au domaine de l'historien.

Or, M. Eusèbe Castaigne fut un historien consciencieux et intègre; jamais il ne négligea des recherches ardues et minutieuses dont les résultats avaient toujours leur prix. En retraçant quelques-uns de nos fastes charentais, il ne payait pas sa dette à l'Histoire avec ostentation, comme le « personnage important » qui s'imagine faire l'aumône en reproduisant des compilations inavouées et des récits plagiés; — il apportait dans l'accomplissement de sa tâche une conviction profonde, appuyant ses assertions sur des témoignages authentiques, je pourrais dire irréfutables. Son édifice n'était pas construit sur le sable et destiné seulement à l'heure présente; il attendait la consécration de l'avenir : son œuvre était bien « une œuvre de bonne foy. » Il pensait aussi que nous devons sauvegarder les traces des hôtes illustres qui nous visitent, et que notre sentiment patriotique doit s'enorgueillir de la naissance de Balzac, qui vécut au milieu de nos pères, et marqua sa présence par une heureuse révolution dans l'art de parler et d'écrire.

Après bien des perquisitions, bien des labeurs, M. Castaigne fit paraître ses *Recherches sur la maison où naquit Jean-Louis Guez de Balzac, sur la date de sa naissance, sur celle de sa mort et sur ses différents legs aux établissements publics, accompagnées d'un tableau généalogique de la famille Guez de Balzac* (1846), avec fac-simile et un portrait lithographié par M. Joseph Castaigne, — qui devint plusieurs fois le collaborateur de son père, grâce à son talent distingué de dessinateur.

M. Eusèbe Castaigne a éclairci les points obscurs de ces dates méconnues ; il a levé toutes les incertitudes. C'est à lui que nous sommes redevables de connaître le lieu de naissance de Balzac et la maison où il mourut. C'est par ses soins que la Société archéologique et historique de la Charente, gardienne vigilante de notre honneur national, après avoir constaté l'authenticité des titres qui servirent à M. Castaigne pour déterminer ses affirmations, fit placer sur les murs des constructions nouvelles érigées sur ces anciennes habitations, des tables de marbre noir portant une inscription commémorative rappelant les deux dates précises qui ouvrirent et fermèrent la vie de Balzac.

Balzac n'était pas un puissant génie, — Balzac était un travailleur, — mais il avait eu le mérite de préparer la voie aux écrivains d'une immortelle époque : ainsi les rudes mains du marteleur dégrossissent et tourmentent le fer que le ciseleur saura ensuite tailler et buriner, faisant sortir d'une masse pesante soit une solide épée, soit un bijou délicat.

M. Castaigne détestait l'indécision en matière historique, et pour reconstituer l'exactitude des faits accomplis, il n'épargnait pas les études et les veilles, surtout quand il s'agissait d'une page intéressante pour sa ville adoptive et sa chère province ; aussi condensa-t-il dans ce travail la précision mathématique dont il possédait le rare avantage. Entre autres analyses de cet ouvrage, celle d'un membre de l'Institut, M. Paulin Paris, de l'Académie des inscriptions et belles-lettres, publiée dans le *Moniteur universel* du 10 février 1847, — offre une appréciation très favorable des *Recherches sur Balzac*.

Comme on voit, M. Castaigne réparait les torts de ses devanciers. L'habitude des personnes qui traitent des sujets historiques est, en général, de copier sans contrôle celles qui les ont précédées, de répéter les mêmes fautes et de propager ainsi de fâcheuses erreurs : c'est ainsi que l'on écrit trop souvent l'histoire. M. Castaigne se méfiait de ces fantaisistes ignorants ou paresseux. Une de ses continuelles préoccupations était la formation d'une bibliothèque angoumoisine. Pour développer son projet, il écrivit un *ESSAI d'une bibliothèque historique de l'Angoumois, ou Catalogue raisonné des principaux ouvrages qui traitent des différentes branches de l'Histoire de cette Province*. Chaque jour apportait son contingent à ce catalogue, et chacun des livres intéressants était indiqué dans le *Bulletin* de la Société archéologique et historique.

Ouvrons l'introduction de cet *ESSAI;* l'auteur y parle en ces termes : — « L'homme le plus versé dans la connaissance générale de l'histoire pâlira devant la plus simple question d'archéologie locale et d'histoire angoumoisine; il sera obligé de se déclarer vaincu; ou, si son amour-propre (dont Dieu nous préserve en pareille circonstance !) ne lui permet pas de nous faire naïvement cet aveu, il se perdra en conjectures plus ou moins invraisemblables, plus ou moins excentriques, disons le mot, plus ou moins ridicules.

« On a beaucoup étudié dans la vie, on a lu ou feuilleté bien des livres; mais en ce qui touche les annales de sa province, on ignore jusqu'à l'existence des ouvrages qu'il importe le plus de consulter, et dès lors il faut bien s'abandonner au hasard dans de vagues et inutiles recherches. Or, il n'y a qu'un seul moyen de retenir dans la bonne voie ceux d'entre nous qui tendraient à s'égarer : c'est de leur présenter un guide qui leur fasse mettre précisément la main sur le volume nécessaire, à travers ces montagnes incommensurables de papier noirci, dont les presses ont surchargé le globe et encombré le chemin de la vérité... »

Voilà le bibliographe tout entier dans ces lignes; il nous a tracé en peu de mots sa profession de foi, et jamais il n'y a failli.

Pour conduire sûrement le chercheur, M. Castaigne était un guide incomparable dans notre province, je n'hésite pas à l'écrire; doué d'une mémoire étonnante, il faisait — mettre précisément la main sur le volume nécessaire, — et même, dans ses derniers jours, il m'indiqua une pièce de vers latins fort rare imprimée dans un vieux bouquin qu'il n'avait ouvert depuis près de trente ans.

Sans cesse à la découverte des vérités ensevelies dans les ténèbres du temps, le bibliothécaire de la ville d'Angoulême prenait l'initiative de ce *Catalogue raisonné,* dans lequel il donnait — non-seulement la description matérielle, mais encore l'analyse critique de toutes les sources imprimées et manuscrites des annales de l'Angoumois. — Peut-être, disait-il, en colligeant et collationnant tous ces documents, peut-être — qu'il deviendrait possible d'écrire une *véritable* histoire de France, si M. le ministre de l'instruction publique prenait des mesures pour qu'un travail bibliographique du même genre fût exécuté dans chaque province.

La rédaction de cette *Bibliothèque historique* avait été

divisée en douze parties : Description générale; Histoire générale; Histoire ecclésiastique; Histoire particulière des villes; Histoire particulière de certaines époques et de certains faits; Histoire archéologique, monumentale, pittoresque et numismatique; Histoire féodale, généalogique et héraldique; Histoire judiciaire; Histoire des lettres et des beaux-arts; Histoire des sciences, de l'agriculture, du commerce, de l'industrie et des principaux établissements d'utilité publique; Diplômes, Chartes, Actes administratifs et Journaux; Table alphabétique des auteurs. Le programme est vaste; il résume l'érudition de son auteur.

Je me suis arrêté sur les deux publications relatives à Balzac et à la *Bibliothèque historique*, parce qu'elles comportent l'idée d'une supériorité incontestable.

Cette incontestable supériorité qui se remarque dans les travaux de M. Castaigne est encore augmentée par les rectifications qu'il opérait dans tels écrits où certaine date avait été faussée. Loin de suivre les — us et coutumes — adoptés, s'il avait été trompé en écrivant un mot inexact, il s'empressait de reconnaître sa méprise; nous en avons la preuve dans une note manuscrite qu'il traça sur la marge d'un feuillet de sa *Notice sur Isabelle d'Angoulême*, à propos des monnaies des Taillefer et des Lusignan.

L'éloquent abbé Michon termine le troisième livre de sa *Statistique monumentale de la Charente* « par une savante description des monnaies de l'Angoumois, dont M. Eusèbe Castaigne, bibliothécaire de la ville d'Angoulême, a bien voulu enrichir cette statistique (1). » Dans cette « savante description, » M. Castai-

---

(1) *Statistique monumentale de la Charente*, 1844, page 122.

gne a relevé les erreurs auxquelles je faisais allusion, et qui lui avaient été causées par les mauvaises gravures du *Glossaire* de Du Cange.

Pendant le cours de chaque année, le bibliothécaire amassait des trésors scientifiques, sans voir augmenter son subside; ce qui ne l'empêcha pas de donner l'appui de son autorité à plusieurs institutions qui, à cette époque, furent à l'apogée de leur prospérité.

VII.

C'était en 1832. La Société d'agriculture, arts et commerce de la Charente, fondée quatorze ans plus tôt sous le patronage de Mgr le duc d'Angoulême, continuait sérieusement sa mission, sans donner prise à une critique judicieuse, et surtout sans s'arrêter aux mesquineries jalouses des rivalités personnelles. Composée, comme aujourd'hui, de membres désireux de contribuer à l'amélioration des propriétés rurales, cette Société avait eu l'avantage de réunir un groupe d'hommes distingués, animés sincèrement de l'amour du bien public et non de leurs intérêts particuliers : j'ai nommé MM. le baron Alexis de Chasteigner, Maulde, Ausone de Chancel, un vénérable ami de ma famille, de La Tranchade, et d'autres encore qui précédèrent des agronomes émérites, parmi lesquels MM. Landreau, de Larevanchère, Rivaud, Bolle, Jure, Léonide Sazerac, Hippolyte Sazerac, de Montleau, de Lunesse, Desgraviers, de La Porte, Beirand, Dufresse de Chassaigne, Favraud, Gustave Gouguet, Clément Prieur, mon excellent et estimé confrère de la presse angoumoisine, ainsi que plusieurs de nos honorables compatriotes dont les noms m'échappent, sont dignes de la première place.

M. Castaigne faisait partie de cette Société, dont il fut le secrétaire perpétuel depuis 1836, — réélu en 1847, — et nous le voyons, dans ses *Annales,* publier plusieurs Notices, Comptes-rendus, Rapports et Notes, marqués de ce cachet d'érudition qui suivait partout ses moindres écrits.

En sa qualité de secrétaire perpétuel, il classait les matières des *Annales* et surveillait leur impression ; c'est assez dire avec quel soin elles étaient éditées. Un de ses plus remarquables comptes-rendus est, à mon avis, celui qu'il lut à la séance solennelle du 3 septembre 1849. En terminant l'inventaire des « utiles travaux de la Société, » il s'exprimait en ces termes :

« Vous avez été fidèles au noble mandat que vous
« vous êtes imposé ; vous continuerez de marcher dans
« cette voie, non-seulement par goût, non-seulement
« par intérêt, mais aussi par devoir. Les encourage-
« ments apportés à l'agriculture sont autant de cercles
« de fer qui préservent la société de la dislocation dont
« elle est menacée. Les rudes travaux et l'antique so-
« briété des laboureurs conservent la virilité de l'es-
« pèce humaine, et la détournent des appétits sensuels
« et efféminés, toujours renaissants, dont l'homme des
« villes est obligé de chercher l'assouvissement dans
« les tristes utopies de son imagination déréglée.
« L'homme de la campagne ne comprend rien à de
« pareils rêves ; il en a peur, et il se réfugie par ins-
« tinct sous l'égide d'une grande renommée. Véritable
« républicain, il est fier de ses droits ; ombrageux pour
« son indépendance, il veut néanmoins être protégé
« par un pouvoir fort et nullement indécis. C'est qu'il

« lui faut, à lui, la liberté, non pas pour jouir, mais
« pour travailler. — Labourer avec résignation et ré-
« colter en paix, n'est-ce pas, en effet, Messieurs, le
« *nec plus ultrà* de la science humanitaire et sociale?...»

Voilà un noble langage ; le langage d'un esprit libé-
ral et juste, laborieux et modeste; le langage d'un
homme qui en approfondissant l'histoire analysait les
passions multiples qui, à un moment donné, débordent
du cœur humain et se précipitent comme une avalanche
inexorable sur un peuple tout entier. Si M. Castaigne
aimait le titre de citoyen d'un pays libre, d'un pays où
la pensée honnête peut trouver de l'écho sans dangers
pour celui qui la manifeste, M. Castaigne abhorrait
les dissensions et les révolutions sanguinaires, où sont
toujours commis des actes honteux pour une nation
civilisée.

A ce propos, je citerai un de ses couplets faits à
l'occasion d'un banquet donné par la Société d'agriculture, à la suite de son premier concours de char-
rues, le 8 mars 1835 :

Buvons, buvons à larges coups
    Aux semeurs des récoltes !
Mais disparaissent de chez nous
    Les semeurs de révoltes !
Car ces Triptolèmes bourbeux,
    Qui labourent la rue,
Travaillent à mettre les bœufs
    Derrière la charrue.

Dans les *Annales* de la Société, nous trouvons, entre
autres pièces d'un intérêt littéraire ou historique, une
Notice sur La Quintinie, le célèbre horticulteur, à qui
nous devons un ouvrage renommé : *Institution pour les
jardins* (t. XIV); des *Réflexions sur les sociétés savantes*

des départements (même volume); *Notice sur la peste géné-rale de* 1348 *et* 1349 *et sur les épidémies qui ont paru à Angoulême* (idem); une savante *Notice sur le sculpteur Jacques d'Angoulême* (t. XV), ce rival de Michel-Ange, et qui, d'après Blaise de Vigenère, « en l'an « 1550, s'osa bien parangonner » à ce génie immense « pour le modèle de l'image de sainct Pierre, à Rome, « et de faict l'emporta lors par dessus luy au juge-« ment de tous les maistres, mesmes italiens; » une *Lettre de Balzac* avec note (t. XXIV); une *Note sur l'ancienne Société d'agriculture et commerce, fondée par M. Bonnaire, préfet de la Charente* (t. XXVI).

M. Castaigne apportait sa collaboration active à cette assemblée agricole, sans préjudice pour les autres sociétés savantes, et notamment l'Académie des sciences, belles-lettres et arts de Bordeaux, dont il était membre correspondant, et où ses travaux étaient appré-ciés à leur véritable valeur.

VIII.

M. Castaigne fut un penseur et un chercheur; et, je le répète, dans l'étude la plus abstraite même il trouvait ces intimes jouissances inconnues des gens qui n'aiment que les travaux faciles.

Nous l'avons vu s'occuper utilement des questions agricoles qui intéressent la plus grande partie des populations, et rencontrent pourtant un si grand nombre d'indifférents; — le voici maintenant sur un terrain qui lui appartient par droit de conquête, sur un terrain que nul parmi nous n'a mieux connu, n'a mieux sondé ; le voici sur le domaine de l'histoire charentaise qui, pour lui, semble ne pas avoir eu de secrets et lui a divulgué les errements de ses aînés.

Touriste, archéologue, écrivain ou simple promeneur, il observait ces vestiges des anciens jours que nous heurtons du pied sans les regarder ; il examinait le sol fécond en ruines éloquentes ; il explorait tous ces lieux qui jadis furent les théâtres de luttes fameuses ; il étudiait sans cesse, infatigable, discutant dans son esprit les faits exacts et les traditions superstitieuses, — séparant l'ivraie du bon grain, l'exagération et le mensonge de la vérité. Mais dans ce vaste champ de découvertes il pensait à s'adjoindre quelques-uns de ces hommes rares dans notre province qui, sans oublier la marche de leur époque, veulent connaître le passé, glanent des matériaux destinés à grossir la gerbe de l'histoire, et viennent éclairer les ombres qui voilent différents points de nos annales populaires.

Les collectionneurs ignorants et monomanes n'avaient pas, aussi nombreux qu'aujourd'hui, porté une main inintelligente sur ces vieux spécimens de l'art ancien ; la plupart des enfants d'Israël se contentaient de vendre des crucifix et n'exploitaient pas sur une échelle aussi grande le commerce des « *antiquités ;* » — alors il était possible de préserver de la profanation et de l'accaparement des objets dignes d'être sauvegardés, lesquels, trouvés dans le sein inépuisable de la terre ou dans les greniers conservateurs, servent comme de jalons pour marquer le passage d'un artiste, pour attester la perfection d'une industrie méconnue, et quelquefois aussi le génie inventif d'une nation, — lorsque plusieurs de ces mêmes objets ne fournissent

pas des indices de la station d'une armée ou de l'éta-
blissement d'un peuple. Ce temps n'est pas bien éloigné,
une vingtaine d'années nous en séparent : je veux
parler de 1844.

« .... Arrêtons-nous, — dit M. le docteur Gigon (1), —
« à cette date de 1844 qui va marquer dans l'histoire
« littéraire de notre ville. Les travaux historiques
« d'Eusèbe Castaigne avaient groupé autour de lui
« quelques hommes ou instruits, ou intelligents, ou
« amateurs des choses de l'esprit et du passé, parmi
« lesquels, et au premier rang, brillait le savant abbé
« Michon, qui travaillait à la *Statistique monumentale*
« *de la Charente,* et encore MM. John Bolle, Paul Saze-
« rac, Zadig Rivaud, J. Geynet, A. Callaud, de Roche-
« brune, Charles de Chancel, le vénérable Joseph
« Normand de La Tranchade, Dérivau et probablement
« plusieurs autres qui échappent à ma mémoire, pres-
« sée de se ressouvenir; c'est alors qu'il nous proposa
« de fonder une Société archéologique et historique,
« chargée de recueillir tous les documents relatifs à
« l'histoire de notre province, et de veiller à la conser-
« vation des vieux monuments légués par le passé à
« notre génération trop insouciante. Les bases des
« règlements de cette Société furent fixées et arrêtées
« d'une façon libérale, telles qu'elles sont encore au-
« jourd'hui. M. le préfet Galzain s'empressa de donner
« les autorisations nécessaires, et le 22 août 1844 avait
« lieu la première séance, sous la présidence de M. de
« Chancel, lui, Castaigne, étant secrétaire. A partir
« de cet instant, jusqu'en 1859, époque où il crut
« devoir se démettre de ses fonctions, il dirigea les

---

(1) Discours prononcé sur la tombe de M. Eusèbe Castaigne.

« publications de la Société et publia lui-même, dans
« le *Bulletin,* divers travaux, toujours écoutés avec
« intérêt, toujours lus avec avidité. Peu après avoir
« quitté le poste de secrétaire, il fut élu vice-pré-
« sident, et ne cessa encore de travailler pour la
« Société. »

En effet, il a beaucoup travaillé pour cette Société
qui lui doit son existence, et dont il a contribué pour
une large part, — la plus large, — à établir le renom
légitime de haut savoir.

Après plusieurs des publications que nous avons
déjà citées dans un chapitre précédent, M. Castaigne
fournit au *Bulletin de la Société archéologique et historique de la Charente* un grand nombre de travaux, parmi
lesquels sa *Dissertation sur le lieu de naissance et sur la
famille du chroniqueur Adémar, moine de l'abbaye de
Saint-Cybard d'Angoulême, faussement surnommé de
Chabanais, né vers 988 et mort vers 1030, accompagnée
d'une Note bibliographique sur sa* Chronique *et d'un Tableau généalogique* (1850). — Ensuite, il donna la réim-
pression d'un *Discours nouveau sur la Mode.* L'édition
originale de cette pièce anonyme en vers, citée dans
un petit nombre de catalogues, était devenue presque
introuvable.

En reproduisant d'une manière fidèle, correcte et
élégante, ce document précieux pour l'histoire de la
mode en France vers la fin du XVIe siècle et au commencement du XVIIe, M. Castaigne l'a fait suivre de
nombreuses notes historiques, grammaticales et littéraires, — comme il le dit lui-même dans ses Notes
bibliographiques.

Puis, abordant les problèmes d'origines, dans une
Lettre à M. M.-S. Houdart, membre correspondant de

l'Académie de médecine (1), M. Castaigne expose « plusieurs observations curieuses sur l'étymologie et le symbolisme du nom d'Hippocrate. »

La Société publia, en 1852, la nouvelle édition d'un ouvrage fort rare, *La Vie de Jean d'Orléans, dit le Bon, comte d'Angoulême, aïeul de François I*ᵉʳ, par Jean Du Port, sieur des Rosiers, conseiller au siége présidial d'Angoumois, et que le secrétaire de la Société archéologique et historique augmenta d'un avertissement, de nombreux éclaircissements et d'une fort intéressante *Note sur le tombeau et les restes mortels du comte Jean*, — tout en « donnant plus d'étendue et une meilleure disposition » à la généalogie qui faisait partie des exemplaires anciens, et qu'il a « entièrement remaniée » sous le titre de *Tableau généalogique;* un document inédit : *Mémoire de ce qui s'est passé dans la ville de La Rochefoucauld du temps des troubles de la Religion*, — écrit par un chanoine de la collégiale de cette ville, nommé Jean Pillard, et accompagné de « notes explicatives » nombreuses, mais succinctes, et de quelques rares digressions relatives à l'histoire de l'Angoumois au XVIᵉ siècle, par M. Castaigne. En 1853 parut le premier fascicule de ses chroniques latines originales de notre province, depuis le commencement de la monarchie jusqu'à l'année 1308, date de la première réunion du comté d'Angoulême à la couronne. Cette importante publication, divisée en trois sections : *Chronicon Engolismense; Historia Pontificum et Comitum Engolismensium*, et *Acta Sanctorum Engolismensium*, est précédée « d'une introduction dans laquelle l'édi-

---

(1) Auteur des *Études historiques et critiques de la Vie et de la Doctrine d'Hippocrate et sur l'état de la Médecine avant lui.*

teur a recueilli des écrivains de l'antiquité tous les fragments qui se rapportent d'une manière directe ou indirecte aux anciens *Engolismenses* et à la contrée qu'ils habitaient. »

Ainsi, toujours livré à l'étude, M. Castaigne apportait une collaboration active à sa chère Société, dont les *Bulletins* conservent la partie principale de ses veilles, et qui restent comme les témoins de ses labeurs continuels et profonds.... Mais les années s'accumulaient plus lourdes pour lui, et avec elles une vieillesse prématurée.

Enfin, suivant les expressions de M. le docteur Gigon, « en 1864, déjà fatigué non par l'âge, mais plutôt par « le travail, il résigna ses fonctions de vice-président, « mais il n'interrompit pas ses travaux, car il a tra- « vaillé jusqu'à son dernier jour. J'ajouterai même « que ses travaux les plus importants ont paru depuis « cette époque. Je citerai en première ligne la publi- « cation de la *Chronique latine de l'abbaye de La Cou- « ronne* et son *Mémoire sur les Agesinates....* »

Ce *Mémoire* est à lui seul une de ces œuvres immenses qui absorbent toute une existence. Pendant plus de vingt-cinq ans M. Castaigne ramassait patiemment ses matériaux, et pendant plus d'un quart de siècle il condensait ses investigations pour tracer ensuite, sur des données certaines, le lieu où fut le *Condate Agesinatum*, la cité des *Sarrumnites* et la peuplade des *Cambolectri*. Enfin, le jour arriva où la Société archéologique reçut communication de cette page considérable, au bas de laquelle son auteur aurait pu graver ces mots : *Exegi hoc monumentum....*

IX.

Ce *Mémoire sur les Agesinates de Pline l'Ancien* est, en effet, une œuvre capitale et qui suffirait seule à sortir un nom de l'oubli. M. Castaigne y a consacré plus de vingt-cinq ans, comme il le dit lui-même dans sa préface, et pendant plus de vingt-cinq ans il a poursuivi sans se décourager, en présence des difficultés et des préjugés, la démonstration du problème auquel il avait voué une grande partie de son existence.

« Voici, écrivait-il, un mémoire succinct, rédigé en
« secret et en silence dans ces dernières années, sur
« des notes recueillies de toutes parts depuis plus
« d'un quart de siècle. C'est bien du temps pour si
« peu d'ouvrage apparent, mais on ne se doute pas de
« ce qu'il faut de méditations et de combinaisons pour
« rétablir la plus petite population sur la carte des
« Gaules. »

Ainsi, l'auteur du *Mémoire sur les Agesinates* se proposait de porter une clarté vraie sur un des points ténébreux de la carte des Gaules; — il se proposait alors de prouver que les Angoumoisins étaient connus au premier siècle de notre ère, et il l'affirme avec autorité, — malgré « l'état actuel de la géographie des Gaules, tel que les érudits l'ont arrêté dans leurs cabinets, » — avec des preuves qui peuvent sembler discutables à certains, mais qu'il leur serait bien difficile de réfuter sérieusement.

Pline l'Ancien a énuméré quarante-trois populations de l'Aquitaine. Les *Agesinates Pictonibus juncti* sont placés, par le célèbre naturaliste, dans cette partie de la Gaule. Mais où fut précisément leur colonie, et quels noms portèrent-ils ensuite ?... Là était la question douteuse.

Depuis Pline, les géographes et les historiens ont cherché à commenter son texte, et par leurs soins ce texte a été altéré. Sanson d'Abbeville, de Longuerue, de La Martinière, de Buy de Mornas, Adrien de Valois, dom Bouquet et l'abbé Belley croyaient que les *Agesinates* étaient les habitants du pays d'Angoumois. C'était, d'ailleurs, « une croyance tolérée, sinon adoptée, » jusqu'à l'époque de la publication d'une *Notice de l'ancienne Gaule*, par Bourguignon D'Anville, en 1760. A dater de ce jour, les écrivains qui s'occupèrent de l'histoire des Gaules, notamment M. de la Fontenelle de Vaudoré, l'illustre baron Walckenaer, M. Maximin Deloche, le créateur de nouveaux *Lemovices*, ont pensé différemment et se sont faits les « copistes de D'Anville, » acceptant sans un contrôle méticuleux l'assertion de ce remarquable historien et appliquant la dénomination d'*Agesinates* aux habitants de l'un des trois archidiaconés du diocèse de Luçon, du pays d'Aisenai. Quant aux historiens poitevins, ils placent les Agesinates à l'est de Poitiers.

L'éloquent et savant abbé Michon a « fait aussi du « D'Anville dans sa *Statistique monumentale,* mais les « renseignements véritablement nouveaux contenus « dans son œuvre remarquable me prouvent, à n'en « pas douter, — dit M. Castaigne, — que son opinion « n'aurait pas été la même s'il avait eu le temps « d'examiner la question de plus près. » Du reste, M. Castaigne avait partagé cette opinion, et il l'avoue franchement en prouvant qu'il s'était trompé en bonne compagnie. « J'ai, continue-t-il, longtemps erré moi-

« même, j'ai également fait partie du troupeau de
« D'Anville.... mais la lumière s'est faite chez moi vers
« 1840. Depuis cette époque j'ai étudié la question
« sérieusement et sous tous les points de vue, et je vais
« essayer maintenant, dans les développements sui-
« vants, de porter ma conviction nouvelle et définitive,
« j'ose l'espérer, dans les esprits impartiaux et amis
« de la vérité. »

C'est alors que M. Castaigne a exposé le résultat de
ses recherches ; c'est alors qu'il a constaté dans son
travail « des faits nouveaux ou du moins entièrement
opposés aux habitudes moutonnières des archéologues,
qui jurent continuellement *per verba magistri,* et se
garderaient bien d'émettre la moindre opinion per-
sonnelle dans leurs travaux sans initiative. »

Dans une notice biographique telle que celle-ci, je
crois qu'il est superflu d'analyser davantage l'œuvre
de l'homme regretté dont je m'occupe ; la tâche serait
d'ailleurs bien au-dessus de mes forces, et là n'a pas
été ma pensée lorsque j'ai commencé à retracer mes
souvenirs d'hier.

Il me suffira de rappeler que M. Castaigne a examiné
mathématiquement la liste des peuples d'Aquitaine
de Pline ; qu'il a expliqué très clairement la position
de ces diverses populations, les suivant du doigt sur
la carte authentique et marquant les stations qu'elles
firent et les cités qu'elles fondèrent.

Parmi ces peuples, nous le savons, étaient les *Cambolectri* et les *Agesinates Pictonibus juncti,* qui vinrent
s'établir « au-dessus de Bazas » et ne furent autres
que nos pères, c'est-à-dire les premiers habitants de
notre vieille province d'Angoumois, ceux-là mêmes
qui appartenaient à la *civitas Engolismensium* du XVe

siècle, — et qui, six cents ans plus tôt, étaient citoyens de la ville nommée *civitas Aquilisina,* — nom qui « diffère bien peu de l'*Agesina* » qu'Adrien de Valois, le savant auteur de l'ouvrage « trop peu connu » intitulé *Gesta Francorum* (1646-1658), indique comme le nom primitif de notre cité.

Ensuite M. Castaigne, déterminant la voie gallo-romaine qui conduisait de Périgueux à Saintes par Angoulême, rétablit l'itinéraire suivi par les anciens. C'est précisément en parcourant cette voie antique — qui traversait, en venant de Périgueux : Bourdeilles, Vieux-Mareuil, Mareuil, Charras, Combiers, Angoulême et Cognac, — que l'éminent bibliothécaire applique à Combiers le mot de *Cambolectri* qui, d'après Pline le Naturaliste, désigne la peuplade voisine des *Agesinates.* Deux pièces de monnaies gauloises, en argent, trouvées en cet endroit il y a une douzaine d'années, fournissent des documents dont l'auteur du *Mémoire* a tiré d'évidents témoignages à l'appui de sa démonstration. Un fragment de la *Carte de Peutinger* ou *Table théodosienne,* — différentes inscriptions murales, — quelques assises « en grand appareil placées à l'extrémité septentrionale de nos vieilles murailles, » des chapiteaux, des débris de statues, un petit cachet barbare de cristal de roche, — trouvés dans les fondations du nouvel hôtel de ville, — ont servi à la thèse de M. Castaigne, qui a rendu à Angoulême « près de dix siècles de vénérables souvenirs » — reportés par D'Anville et ses « copistes » sur d'autres pays limitrophes.

Dans cette œuvre considérable, M. Castaigne avait épuisé son érudition et sa santé ; mais il eut du moins la satisfaction de voir l'accueil que lui firent les bibliothèques d'élite, et le prix qu'y attachèrent les hommes compétents « esprits impartiaux et amis de la vérité. » Ce fut comme une révélation inattendue, inespérée; elle eut dans le monde archéologique un retentissement qui n'est pas encore évanoui.... La presse locale signala ce *Mémoire sur les Agesinates* par la plume autorisée de l'un de ses plus honorables écrivains, M. Amédée Matagrin, docteur en droit, rédacteur en chef du journal le *Charentais*.

En terminant son analyse (1), M. Matagrin s'exprimait ainsi : « C'est avec une vive satisfaction que nous « avons lu ces pages, où la sobriété du raisonnement « et l'exposition des faits acquis à la science ne lais- « sent aucune prise aux vaines élucubrations.

« Aussi bien, — l'étude et le goût des choses du « passé, comme l'écrivait très justement M. Ernest « Rocha, en 1860, après avoir été le privilége de « quelques antiquaires, se sont répandus dans tous « les rangs de la société et forment, pour ainsi dire, « le complément de ce que l'on appelait autrefois les « éducations libérales. »

« D'ailleurs, « la contemplation des ruines, la solu- « tion des problèmes historiques, la confrontation « des textes écrits avec les preuves matérielles échap- « pées à l'action du temps, sont devenues le refuge « de bien des intelligences ; » il est donc digne de « notre temps que l'on fasse à l'archéologie la place « qui lui est due ; son étude, qui ne serait qu'ingrate, « puérile, si la critique en était absente, est vraiment « grande et féconde, quand une idée supérieure plane « au milieu des débris qui en font l'objet, quand on

---

(1) Voir le *Charentais* du 7 novembre 1866.

« ne poursuit, à travers une poussière laborieusement
« remuée, que le rêve constant de tous les esprits
« droits et honnêtes : la connaissance du vrai.

« Ce rêve, ou plutôt ce but, est celui de notre labo-
« rieux bibliothécaire, dont les travaux sont toujours
« marqués au coin d'une érudition profonde, d'un
« grand bon sens et d'une sagacité lumineuse qui est
« le don par excellence de l'homme voué à la science,
« de celui surtout dont l'intuition profonde suppose
« avec hardiesse et justesse, supplée aux lacunes,
« renoue la trame des rapports interrompus, et, à
« l'aide de débris ou de texte défigurés, mutilés, fait
« revivre des réalités historiques, — comme Cuvier
« avec quelques ossements rétablissait des races dis-
« parues, comme Pascal *avec des barres et des ronds*
« créait les mathématiques. »

On ne pourrait s'exprimer en meilleurs termes.

Ce *Mémoire* fut le dernier travail de M. Castaigne
avec la *Généalogie* de sa famille, qu'il a voulu retracer,
dit M. le docteur Gigon, « non par esprit de vanité,
mais pour rendre hommage à des ancêtres qui lui
avaient légué, comme un héritage précieux, un nom
sans tache et honoré de tous. » Voilà le rôle qu'a tenu
M. Castaigne au sein de la Société archéologique et
historique de la Charente qu'il avait fondée.

X.

Voilà quelles furent les occupations de sa vie en-
tière : la recherche de la vérité.

Bibliophile émérite, M. Castaigne avait toutes les
qualités indispensables à l'homme d'études, à l'homme

qui a mission à tenir. Pour lui, sa chère bibliothèque remplaçait la foule bruyante et frivole ; pour lui, un livre était un conteur aimable, un conseiller intime, un cicerone dont il se plaisait à vérifier le dire, et, dans son cabinet de travail, il trahissait son caractère par l'inscription de ce vers de Pixérécourt :

« Un livre est un ami qui ne change jamais. »

En société continuelle avec les livres, il les connaissait admirablement ; et dans ses rapports fréquents avec les philosophies allemandes, s'il eut quelques instants de doute, ces hésitations bientôt disparaissaient aux rayons de la vérité.

Dans les livres il recueillait les opinions diverses, et dans le creuset du raisonnement et de la science il séparait l'or pur de la fange et fondait les paillettes éparses qui, par ses soins, devenues homogènes, formaient un trésor précieux que ne pouvait plus disperser le souffle de l'ignorance.

C'est ainsi que M. Castaigne devint véritablement ce que j'oserai nommer un décentralisateur ; n'acceptant pas aveuglément les sentences prononcées par les savants de Paris, il se faisait une obligation de sans cesse chercher l'exactitude, dût-il être le premier à reconnaître une erreur dans la moindre partie de ses travaux.

Cet amour du vrai, M. Castaigne le conserva toujours. Nous le savons, il toucha à tout avec un rare bonheur, sans doute avec des chances différentes, mais il ne subit point d'échec. Articles de journaux, notices biographiques, bibliographiques, recherches historiques, tous ses écrits sur les hommes et les monuments restent comme les preuves certaines de son érudition et serviront de modèles à ceux qui viendront après lui.

Son style était le reflet de son caractère droit et ferme. Il était exempt de ce verbiage des faux savants qui se plaisent à étaler le fatras d'un savoir douteux, pour répondre à leur réputation de contrebande ; au contraire, sa phrase, nette, claire et concise, exprimait précisément sa pensée, et, observateur sévère de la logique, il se gardait bien d'amalgamer dans la même question des sujets différents. Il ne cherchait pas les grands mots ; il lui fallait des actes.

A côté de l'archéologue, le littérateur a sa place. A ses heures de repos il écrivait des poésies, la plupart inédites, qui sont remarquables à des titres divers ; mais si la marche du poète était obstruée par les bouquins et les palimpsestes, il faisait néanmoins entendre sa voix lorsque les événements parlaient à son cœur ou faisaient vibrer la fibre de son patriotisme. Les nobles causes trouvaient en lui un écho sympathique, et s'il fut ému par les phases multiples que subissait la vieille Gaule transformée en jeune France, ce n'est point par un sentiment d'inconstance, mais bien parce qu'il possédait l'âme d'un historien et quelque chose de la sensibilité du poète.

On lui reprochait parfois une rude franchise. Cette qualité devenait un défaut. Hélas ! c'est qu'il pensait avec raison que si la vérité n'est pas toujours agréable à entendre, elle doit être bonne à dire. Puis, comme il avait appris à ses dépens à apprécier le monde, il savait que ceux qui nous flattent le plus ne sont pas nos meilleurs amis, et que les gens qui nous doivent le plus perdent trop tôt souvenance des services que nous leur avons rendus.

Le bibliothécaire d'Angoulême n'était pas adulateur; il ne s'était pas imposé la livrée du courtisan; ces vices de nature lui ont été préjudiciables, nous le savons, mais il persistait dans son tort de croire que le mérite doit l'emporter sur les coteries. Pour obtenir ce qui lui était dû, jamais il ne sortit de ses habitudes calmes et modestes; jamais il ne marqua l'indignation de ses droits incompris ou frustrés, se consolant de voir ainsi méconnaître la justice par ceux qui étaient susceptibles de ne pas l'oublier. Il ne croyait pas que l'on dût s'élever en rampant; il détestait les jalousies mesquines; les hypocrites étaient mal venus auprès de lui, et ce maître reste pour nous un exemple de loyauté et d'honneur : il fut, je le répète, une protestation du temps contre le temps.

J'ai été son élève, son aide même à la Bibliothèque, et je conserve comme un héritage précieux le souvenir de ses enseignements.

Je me le rappelle assis dans la vaste salle, courbé sur la table de travail, poursuivant une existence presque monacale, l'existence d'un autre siècle. Lorsque je l'observais, il me semblait voir un de ces bénédictins du moyen âge, oublié au milieu de ses livres, absorbé par ses recherches et ne se doutant pas qu'au delà des murailles qui l'entouraient la foule s'agitait en proie aux idées de son époque. Le silence augmentait l'ardeur de son étude. Ainsi, les jours s'écoulaient rapides dans cette uniformité monotone où il trouvait tant de charmes.

..... Un jour, lorsque, guidé par la curiosité ou l'étude, l'étranger viendra parcourir la bibliothèque d'Angoulême, désireux de connaître le passé de notre sol hospitalier, parmi tous les historiens dont nous

nous honorons, le nom d'Eusèbe Castaigne lui apparaîtra comme l'expression de la science et du dévouement. Ces murs encore seront pleins de son souvenir, et ces livres où l'homme devrait apprendre à devenir meilleur, à connaître sa faiblesse et la grandeur de Dieu, ces livres qui furent ses amis constants, conserveront aussi la trace de ses annotations, — comme ces points lumineux qui guident au travers des sentiers inconnus le pèlerin attardé et pressé d'arriver.

La vie de M. Castaigne fut exempte d'embarras et de bruits ; sa vie fut une longue suite d'enseignements ; mais sa mort a marqué sa suprême leçon.

Depuis plus d'un an la santé de M. Castaigne était altérée ; l'excès de travail l'avait épuisée. Ses forces sensiblement se perdaient, et à l'âge où l'homme est aux portes de la vieillesse, il semblait en avoir franchi le seuil depuis longtemps déjà (1). Le corps était souffrant ; mais l'esprit résistait encore, infatigable ; il l'avait dit lui-même : « *Vivitur ingenio.* »

Bientôt la lutte allait cesser. La matière allait livrer passage à l'esprit ; l'agonie, une agonie douce et tranquille, commençait.

---

(1) Après avoir cru devoir, en raison de sa santé, résigner ses fonctions d'archiviste de la mairie, il écrivit au maire, M. Paul Sazerac, pour lui donner sa démission. Elle ne fut point acceptée. M. Castaigne écrivait : « .... Je crains de ne pouvoir continuer mon service.... l'escalier « m'est un véritable obstacle et je le gravis avec peine... »

M. *** représenta M. Castaigne gravissant les marches de cet escalier, tenant d'une main la rampe et de l'autre une liasse de bouquins ; M. Castaigne me montra ce dessin humoristique et j'y traçai aussitôt ces quatre rimes :

> Si vous parliez de la postérité,
> Maître, où vous conduira la science certaine,
> Vous ne pourriez pas dire en toute vérité
> « J'y monte avec peine ! »

La mort ne l'effrayait pas; il consultait sa cons-
cience et nul fantôme ne l'épouvantait. La foi de ses
ancêtres ne s'était pas évanouie avec son adolescence;
elle veillait, silencieuse peut-être, mais toujours forte
et virile elle se relevait consolante dans une vaillance
robuste. C'est avec une émotion filiale que je me le
rappelle, soumis à la volonté de la Providence et
plein d'espoir en sa miséricorde.... L'heure solennelle
approchait. Dans son imagination se pressaient la
mémoire de ses œuvres récentes. Les noms de *Cambolectri, Agesinates*, revenaient fréquemment sur ses
lèvres; la solution de ce grand problème historique
l'obsédait encore, et il en révisait encore l'exactitude.

« Il y a deux jours à peine, » disait avec l'éloquence
du cœur M. le docteur Gigon, dans le discours qu'il
prononça sur les bords de sa tombe, « j'assistais
« comme médecin, comme ami, à la triste agonie de
« ce vénéré collègue. Déjà sa raison, naguère si ferme,
« chancelait, le délire obsédait son cerveau, l'âme
« luttait pour se dégager des liens de la matière, la
« substance immortelle, inétendue, s'agitait pour re-
« monter à son auteur; alors, comme le guerrier
« mourant loin de son pays, qui murmurait pour
« derniers mots le nom d'une victoire et de sa France
« bien-aimée, Castaigne, tombant au champ d'honneur
« de la pensée, répétait aussi ces mots qui, depuis
« tantôt vingt ans, occupaient son esprit, et qui sont
« le triomphe de son intelligence et de son dur la-
« beur. »

Enfin, le lundi 26 novembre 1866, à six heures
du matin, « après une courte maladie dont les souf-
frances ont été adoucies par les consolations de la reli-

gion (1), » cet homme éminent s'éteignit comme une lampe dans le sanctuaire. La mort avait adouci ses traits, empreints d'une grande force de volonté, et il semblait reposer du sommeil du juste.

La nouvelle de cette perte regrettable se répandit rapidement ; le deuil fut au cœur de tous ceux qui estiment les hommes dignes et qui honorent leur pays.

La Société archéologique assista aux funérailles de son fondateur, ayant à sa tête ses honorables président, vice-président et secrétaire, MM. Gellibert des Seguins, Gigon et Gustave de Rencogne. Ensuite, il était réservé à cette Société de manifester ses sentiments pour M. Castaigne d'une manière éclatante. A la séance suivante (2), le président, M. Gellibert des Seguins, « après « l'adoption du procès-verbal, rappelle avec émotion « la perte douloureuse que la Société vient de faire en « la personne de M. Eusèbe Castaigne, bibliothécaire « de la ville, et retrace en quelques pages vivement « senties la vie laborieuse, utile et modeste du savant « et de l'homme de bien qu'une mort prématurée nous « a ravi. Fondateur de notre Compagnie (3), notre « éminent confrère collabora à ses travaux successi- « vement en qualité de secrétaire, de vice-président, « de vice-président honoraire, de conservateur du « musée, et pendant vingt et un ans il en fut l'exem- « ple et le guide.

« Ses nombreux et savants travaux suffisent sans « doute à lui assurer les respects et les sympathies du « pays, mais la Société doit acquitter envers lui sa

----

(1) Le *Charentais* du 26 novembre 1866.

(2) Lundi 17 décembre 1866.

(3) *Bulletin de la Société*. — Procès-verbal de M. Babinet de Rencogne, secrétaire.

« dette particulière de reconnaissance, en lui donnant
« un témoignage public de ses sentiments. C'est dans
« cette pensée que M. le président soumet à l'assemblée
« les propositions suivantes qui, mises en délibération,
« sont adoptées à l'unanimité :

« La Société archéologique et historique de la Cha-
« rente exprime les vifs et profonds regrets qu'elle
« éprouve de la mort de son honorable et savant fon-
« dateur, M. Eusèbe Castaigne, bibliothécaire de la
« ville d'Angoulême, vice-président honoraire, con-
« servateur du musée.

« Elle décide que le buste en marbre de M. Cas-
« taigne sera, par ses soins, placé dans la salle de ses
« réunions, et charge son président et le bureau de
« l'exécution de cette décision. Une souscription est
« ouverte dès ce jour pour subvenir aux frais de l'en-
« treprise, et elle s'inscrit la première pour deux cents
« francs.

« La présente délibération sera inscrite au procès-
« verbal de la séance, et copie en sera adressée, au nom
« de la Société, par M. le président, à la famille de
« M. Castaigne. »

Autrefois, lorsqu'un chef succombait glorieusement,
ses soldats lui érigeaient une pyramide, portant chacun une pierre sur son cadavre glacé ; — aussi je porte
ma pierre au monument de M. Eusèbe Castaigne, et
j'y grave ce mot : *Reconnaissance !*

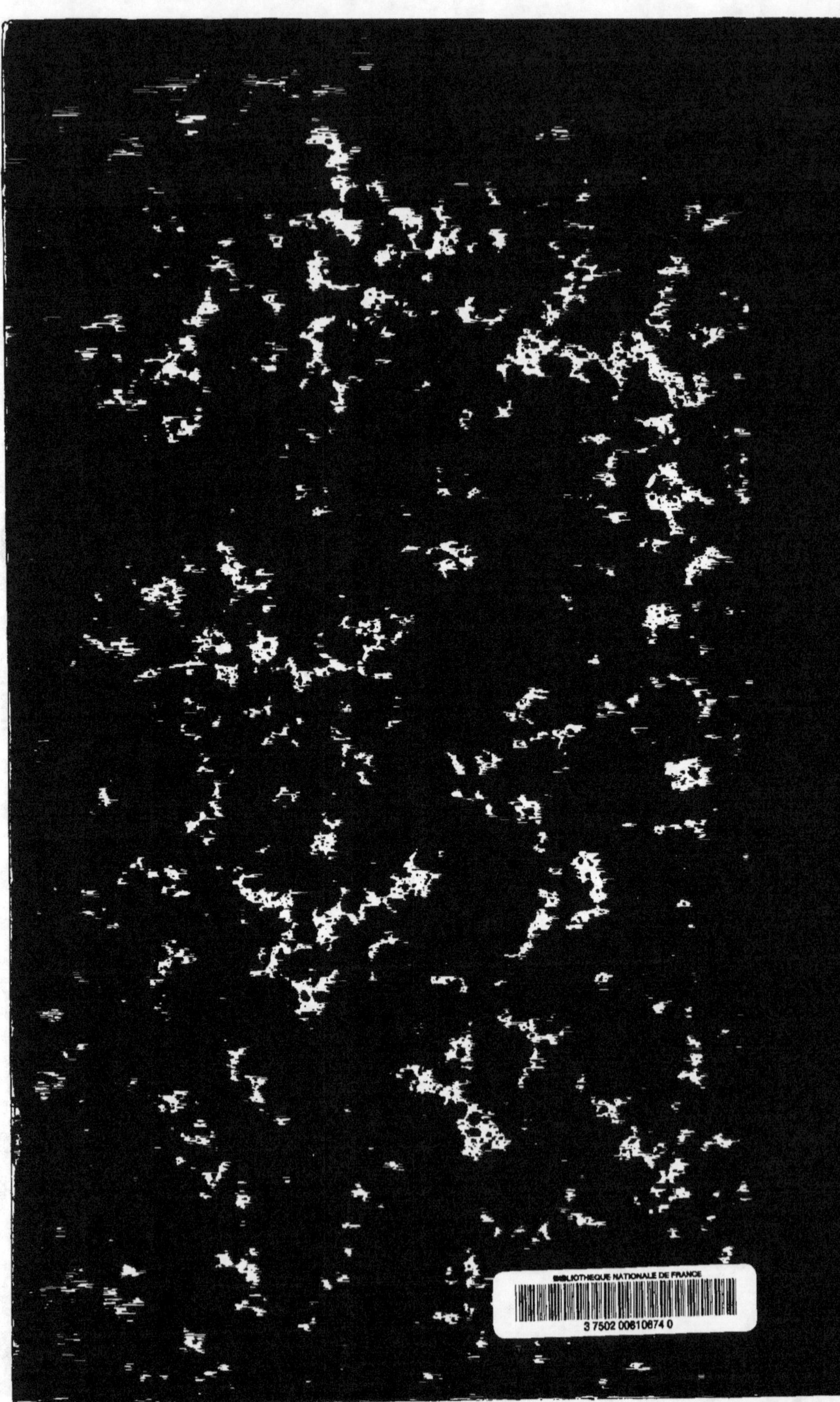
BIBLIOTHEQUE NATIONALE DE FRANCE

3 7502 00610874 0

www.ingramcontent.com/pod-product-compliance
Lightning Source LLC
Chambersburg PA
CBHW061622060726
47597CB00005B/1768